LES
BARBETS

A
ROQUEBILLIÈRE

DE

1792 A 1814

PAR

AUGUSTE MUSSO

Secrétaire de la Mairie de Roquebillière

Lauréat du Concours de 1892-1893
de la Société des Lettres, Sciences et Arts des Alpes-Maritimes.

Deuxième Prix
MÉDAILLE DE BRONZE

NICE

IMPRIMERIE ADMINISTRATIVE. RUE DU PALAIS. 11

1897

LES
BARBETS

A

ROQUEBILLIÈRE

DE

1792 A 1814

DOCUMENTS ET LÉGENDES INÉDITS

LES BARBETS

A ROQUEBILLIÈRE

DE

1792 A 1814

PAR

AUGUSTE MUSSO

Secrétaire de la Mairie de Roquebillière

Lauréat du Concours de 1892-1893
de la Société des Lettres, Sciences et Arts des Alpes-Maritimes

Deuxième Prix
MÉDAILLE DE BRONZE

NICE
IMPRIMERIE ADMINISTRATIVE, RUE DU PALAIS, 11
—
1897

DÉDICACE

A MES CHERS ENFANTS

A vous Marie-Andréa, Félix-Albert et Hippolyte-Auguste, mes chers Enfants, je dédie le fruit de mes recherches sur l'histoire intime de la commune de Roquebillière où vous avez vu le jour.

· Puisse, ce souvenir, en vous rappelant votre Père, vous faire aimer le pays auquel vous devrez à l'avenir votre affection et tout votre dévouement.

Musso

Roquebillière, le 27 septembre 1893.

AVANT-PROPOS

Divers auteurs se sont occupés déjà de relater la vie, les faits saillants, les crimes et délits de ces terribles partisans qui de 1792 et pour de longues années après jetèrent dans les populations du Haut Comté de Nice l'effroi et la terreur et tinrent en haleine les vaillants soldats de la première République, mais presque tous étrangers à nos pays, ils ne purent relater que ce qui leur avait été permis de puiser à des sources, peut-être autorisées, mais manquant de petits détails toujours essentiels et indispensables pour se faire une idée nette et précise de ce que ces barbets, ainsi désignés, pouvaient bien être et quel rôle ils avaient joué.

Nous nous sommes occupés d'une manière spéciale de réunir, par la lecture des documents déposés aux archives de l'ancien canton de Roquebillière, centre des exploits de ces terribles montagnards, tous les documents les concernant et d'en faire l'historique désignant chaque fait, chaque relation, par un renvoi aux archives de Roquebillière où les originaux pourront être consultés.

L'Auteur

EXPLICATIONS DES RENVOIS

Délib. L. D. N° 5, page 108 signifie voir à la Mairie de Roquebillière, registre des délibérations, Lettre D, N° 5,
page 108.

Corr. D ^{1}, page 17 signifie voir le registre des correspondances
classées lettre D, N° 1, page 17.

Emigrés I ^{2}, signifie voir le paquet contenant les documents
concernant les émigrés classés lettre I.

Barbets I ^{1}, signifie voir le paquet contenant les documents
ayant trait aux barbets classés lettre I.

Les notes sont placées à la fin de l'ouvrage

LES BARBETS

C'était le 29 septembre 1792, le général Anselme, à la tête de l'armée d'Italie, venait d'occuper la ville de Nice et se préparait à pénétrer en Piémont.

Fallait-il s'avancer par le col de Tende ou le col de la Madonne des Fenêtres, Roquebillière devait être occupée pour de là diriger les troupes au Col de Raus, battre Saorge et avoir la voie de Tende libre ou aller à Saint-Martin-Lantosque, la Madonne des Fenêtres et se jeter dans la vallée du Gesso ou de la Stura.

La brigade Barral est désignée pour ce faire et elle se met en marche avec ordre formel de réquisitionner partout, évacuer sur Nice le butin qui doit servir à alimenter l'armée d'Italie qui, se trouvant en formation, manquait de tout.

Levens, Duranus, Figaret, Lantosque sont visités et les populations effrayées fuient devant les troupes françaises.

La tête de la colonne arrive à Roquebillière le 22 octobre 1792, bientôt suivie par Barral et le citoyen Ferrus, commissaire de guerre.

L'ordre de réquisitionner est donné.

[1] D'un seul coup de main les soldats enlèvent :

127 têtes de gros bétail à 96 francs pièce	12.192	»
40 têtes menu bétail à 10 fr. pièce	400	»
220 sestiers de blé à 12 francs....	2.640	»
10 charges de vin à 24 francs....	240	»
8 rups fromage à 9 francs......	72	»
Argent pris dans la caisse du receveur municipal...............	720	»
29 quintaux foin à 3 francs.....	87	»
89 sacs toile pour mettre le blé à 1 fr. 75	140	»
1 mulet.......................	150	»
Dîners aux officiers et au commissaire........................	50	»
Pour vols de linge, poules, etc., par la troupe.....................	2.000	»
Total de la réquisition	18.691	»

Les habitants exaspérés quittent le village et unis aux fuyards de Levens, Figaret, Lantosque gagnent les hauteurs de Belvedère menaçant de couper la colonne.

Barral prévoyant le danger se replie sur Utelle, mais bientôt, soit par ordre d'Anselme,

---

(1) Archives de la Mairie. Lettre D, numéro 5, page 108.

soit par amour-propre, il cherche à regagner Lantosque et Roquebillière, déjà occupé par le major ennemi Castelberg.

Le 2me bataillon de l'Aude lui arrive pour reprendre l'offensive, mais il rencontre les paysans exaspérés qui, lui tenant tête, le déciment et le forcent à la retraite après avoir subi de sérieuses pertes.

Les mécontents venaient de recevoir leur baptême de feu, ils s'étaient mesurés, ils avaient gagné et ce succès les grisant peut-être, avait fait de ces paisibles paysans de terribles partisans.

Voilà pour nous l'origine de ces Barbets dont nous allons essayer de raconter l'existence et cela toujours en suivant les documents par nous lus, classés et déposés aux archives de la Mairie de Roquebillière.

Suivant tour à tour la fortune et les revers des troupes sardes, nous voyons ces partisans servant d'éclaireurs, leur être d'un puissant appui, occupant Roquebillière le 18 août 1793 après en avoir chassé les Français que ces derniers reprennent nouvellement le 28 avril 1794 date de la prise de Saorge.

Enfin le 15 mai 1796, Victor-Amédée cède le comté de Nice à la France et par cette cession les troupes sardes évacuant les territoires encore occupés, laissent nos partisans sans ressource et livrés à la merci des troupes de la République.

Il fallait, ou se rendre et dans ce cas être ou déportés ou fusillés, ou bien continuer la lutte mais sans secours de personne se faire assassins, voleurs.

Beaucoup émigrèrent en Piémont et c'était la meilleure mesure à prendre, mais d'autres, ayant soif de vengeance, préférèrent continuer la lutte.

A partir de ce moment ce ne furent plus des partisans, mais des bandits, des vrais barbets.

Mais avant que de poursuivre notre récit nous devons bien établir l'état des esprits à cette époque.

Deux familles jouèrent un grand rôle et par leur rivalité créèrent deux partis.

Le parti Sarde qui, quoique dévoué à la Maison de Savoie, avait subi avec résignation le nouvel état des choses, mais mécontent des vexations, protestait avec raison contre ceux qui en étaient les auteurs.

Le parti Français ayant accepté complètement les faits et les ayant même favorisés.

Ce dernier était représenté par la famille Matteo qui fut transformé en celui de Mathieu.[1]

Le parti Sarde l'était par la famille Crespello transformé en celui de Crespel, [2] riche, puissante, alliée à la suite aux Acchiardi dell'Alp, aux Orestis de Châteauneuf, aux Roissard de Bellet.

Les Mathieu élevés à toutes les dignités par le Directoire des Colons Marseillais, par l'Administration Centrale, fut donc celle contre

(1) Voir note 7.
(2) Voir note 8.

qui la haine des Barbets eut à sévir plus d'une fois.

Le 18 février 1796, Roquebillière est créé chef-lieu de canton, André Mathieu en est nommé président et Rostagni, commissaire du Pouvoir Exécutif.

Il fallait en vérité avoir de l'énergie et du courage pour oser, dans un moment aussi critique, s'assumer toute la responsabilité de la direction d'un canton aussi populeux, aussi tourmenté comme l'était celui de Roquebillière et surtout établir le nouvel état des choses, en un mot créer tout, faire fonctionner les branches de toutes les administrations et cela sans être au courant de l'Administration Française.

André Mathieu accepte pourtant et n'hésite nullement de lutter avec ce qu'il y avait de plus terrible, c'est-à-dire contre les factieux, les barbets.

(1) « Nous avons, écrit-il le 25 août au département « de Nice, reparti aux communes du canton l'arrêté « du 9 thermidor relatif aux barbets et aux crimes « qu'ils commettent et l'avons fait publier partout. En « outre avons fait afficher le jugement rendu par le « tribunal criminel (2) le 16 messidor contre les barbets « contumaces Fulconis de l'Escarène,(3) Ange de Breil, « Etienne Bourgogne. »

Les barbets donc étendaient leurs exploits dans la Vésubie et ailleurs et ils étaient nom-

(1) Correspondance D 1, page 17.
(2) Voir note 1.
(3) Voir note 2.

breux, car à la date du 8 septembre, Mathieu
écrivant au département de Nice disait :

(1) « Conformément à votre circulaire du 10 fructi-
« dor courant concernant la députation d'un membre
« de chaque administration de ce canton, je vous infor-
« me qu'aucune personne ne veut se risquer de se
« mettre en voyage attendu les barbets piémontais qui
« se trouvent aux environs et ont été signalés se diri-
« geant vers Lantosque. Les communes ont été contrain-
« tes de leur fournir, sous les peines les plus sévères,
« du pain, de la viande, du fromage, du riz, sans rien
« payer. Moyennant ces denrées ils n'ont commis aucun
« crime. D'autre part, ils ont coupé l'arbre de la liberté
« à cette commune, à celle de Belvedère et de force
« ont pris six fusils que nous avions pour le service de
« la Garde Nationale. — Salut et Fraternité. »

Ainsi approvisionnés les barbets, loin de
fuir, s'en vont de commune à commune et im-
punément réquisitionnent.

Seul, sans secours, Mathieu s'adresse au
département et le 22 septembre il écrit :

« Joint à votre lettre de fructidor dernier nous avons
« reçu votre arrêté nous invitant de prendre les me-
« sures nécessaires pour empêcher les brigandages,
« vols, que commettent les barbets. L'assemblée de
« l'administration municipale de ce canton après lec-
« ture dudit arrêté vous répond que le canton est ac-
« cablé par l'arrivée des barbets en nombre extraor-
« dinaire et en particulier Roquebillière et Belvedère
« qui ont été pillées comme il conste du procès-verbal
« dressé le 8 fructidor que nous n'avons pu vous
« adresser de peur de voir égorger le porteur.

(1) Corr. D 1, page 23.

« Vous observerez aussi que les communes à cause
« des menaces horribles et à la vue des mauvais
« traitements subis contre les amis de la Patrie, ont
« été obligées de remettre les armes. Ainsi, voyez bien,
« citoyens, en quel état déplorable nous sommes, nous
« trouvant dépourvus d'armes et de courage contre
« une force extraordinaire. Le Commissaire du Pou-
« voir Exécutif de ce canton a été lui-même obligé de
« remettre les fusils de La Bollène avec les munitions
« et subsistances nécessaires n'ayant eu pour se défen-
« dre que pierres et bâtons. » [1]

Les barbets en nombre étaient bien organisés, disciplinés et obéissaient à un chef terrible connu par tous et que le nom seul suffi-
sait à imposer; ce chef était le capitaine sarde,
Joseph Ferusso.

À l'audace il aurait fallu opposer l'audace,
mais que faire devant une population complètement démoralisée.

À la fin poussée par les excès de ces misérables une détermination est prise :

Il faut lutter.....

Mathieu écrit à la date du 27 septembre :

« [2] Je viens vous représenter que d'après les délits
« atroces et vols qui sont commis journellement par
« les barbets il nous est impossible de vous en donner
« à l'instant le détail, aussi a-t-il été décidé aujour-
« d'hui de prendre tous les citoyens habiles, les armer
« de n'importe quoi pour les poursuivre et les détruire
« complètement si possible.

(1) Corr. D 1, page 25.
(2) Corr. D 1, page 27.

« Aussi cinq barbets ayant été aperçus vers trois
« heures d'après-midi le long de la rivière et du côté
« de l'église, les habitants armés de chablis, de cou-
« driers et de quelques fusils les ont poursuivis jusque
« près de La Bollène. La garde nationale a été rassem-
« blée et la chasse a été donnée. Nous attendons le
« résultat. Nous vous prions de votre côté, de nous
« secourir, sans quoi nous sommes obligés de fuir,
« abandonner nos femmes, nos familles, nos biens,
« d'autant plus que les barbets me visent personnelle-
« ment et me menacent sans cesse de me fusiller si je
« suis pris par eux. Envoyez-nous des fusils, des cartou-
« ches. Salut et Fraternité. »

[1] Pendant que ces faits se passaient, l'administration municipale reçoit l'ordre de déléguer un citoyen pour se rendre au département
de Nice muni des documents nécessaires pour
faire l'évaluation des dommages soufferts depuis la guerre.

Le citoyen Barelli, greffier, est délégué,
mais escorté il passe par Moulinet et Sospel
pour aller à Nice et éviter les barbets postés
jusqu'à Lantosque.

[2] Quelque peu enhardis, les habitants relè-
vent leur courage et la Garde Nationale est
reconstituée.

L'on approchait de la fête de Saint Michel,
patron de la paroisse, et les habitants tenaient
à la fêter dignement.

D'un autre côté, la bande de Ferusso atten-
dait une bonne occasion pour faire un coup de
main.

(1) Dél. D 1, page 22 *bis*.
(2) Corr. D 1, page 31.

Nous laissons raconter comment les faits se sont passés à cette occasion et comment le capitaine Ferusso trouva le premier la mort en donnant l'attaque.

Voici la copie intégrale de la lettre :

[1] « *Au Citoyen général Garnier, commandant l'aile*
« *gauche de l'armée d'Italie, à Tende,*

« L'administration municipale de ce canton a appris
« avec un sensible plaisir l'état de votre santé et de
« votre destination au lieu de Tende, vraiment digne
« à vos mérites et au zèle et bravoure d'un vrai répu-
« blicain et digne général : Nous vous félicitons et
« n'attendons qu'une occasion pour vous témoigner
« notre vif attachement en échange des bons procédés
« usés envers nous à l'occasion de votre séjour dans
« nos contrées.

« Depuis six jours la Garde Nationale de ce canton
« nuit et jour est en mouvement et tous les habitants
« se sont prêtés avec zèle et activité extraordinaire à
« la vue du bon exemple du chef de bataillon Crespel,
« aîné, et autres officiers, de sorte que hier a réussi à
« cette Garde Nationale de tuer sur la place publique
« le capitaine en chef des barbets nommé Joseph Fe-
« russo, cet homme tant renommé lequel est resté raide
« mort.

« Ferusso ayant attaqué, s'est avancé sur la place
« publique entouré de ses hommes. Aussitôt un coup
« de carabine tiré par la main du citoyen Charles
« Gastaldi, fils du notaire, capitaine de la 3me compa-
« gnie de cette garde bourgeoise avec l'assistance des
« anciens barbets [2] Charles Cristini, dit Lavoust, de
« Figaret ; de Baptiste Mathieu, dit Linton ; de Fran-

_____

(1) Cor. D 1, page 31.
(2) Voir note 3.

« çois Guigo, fils de la Cafetiera et Baptiste Cornillon,
« dit Parella, l'a tué raide à la grande joie de tous les
« habitants.

« Vive la République.

« Gastaldi a bien mérité de la Patrie et mérite la
« récompense de la prime de blé que la Loi accorde
« aux défenseurs de la tranquillité publique en se
« réservant de lui délivrer le certificat en règle.

« A ce sujet nous avons écrit ce matin à tous les
« villages voisins pour mettre les habitants sous les
« armes comme aussi aux cantons de Valdeblore,
« d'Utelle afin d'arriver à exterminer complètement
« ces scélérats.

« Ce matin la patrouille de ce pays et de Belvedère
« se sont portés à la poursuite des barbets au camp de
« Fluaut où ils se trouvent, mais ayant manqué de
« munitions de guerre ils ont dû retourner.

« Salut et Fraternité. »

(1) Pareille lettre dans l'ensemble avait été
adressée le 29 septembre au département de
Nice.

Remarque curieuse à faire. Il est dit que la
mort de Ferusso eut lieu grâce à l'assistance
de certains barbets. En effet, un ordre reçu
avait invité le président du canton d'informer
les familles des barbets du pays de les faire
rentrer que grâce entière leur était accordée
s'ils voulaient se mettre au service de la République.

Cela fut écouté et arrivèrent alors les barbets qui prêtèrent leur concours à la garde

(1) Cor. D 1, page 29.

bourgeoise et facilitèrent la mort du brigand redouté.

Nous verrons à la suite comment il fut procédé à leur égard et comment leur bonne foi surprise en fit d'assassins redoutables alors qu'ils auraient pu devenir de paisibles citoyens regrettant leur passé.

[1] La chasse aux barbets continuait toujours et le 4 octobre le général Garnier est informé que grâce au zèle des gardes nationaux les scélérats n'ont plus osé attaquer. Que la commune de Lantosque manquant de munitions s'est adressée à Nice, mais que pour poursuivre les brigands postés au chemin de Luceram, quinze gardes de Roquebillière sont allés grossir ceux de Lantosque.

[2] En même temps les administrateurs du canton se réunissent et en assemblée générale et dans une délibération longuement motivée, exposant la situation créée au canton depuis la mort de Ferusso, relatent que les barbets piémontais ont établi un cordon autour des communes et ce depuis Entraque jusqu'à Lantosque assassinant les voyageurs inoffensifs sous prétexte de venger la mort de leur chef, nomment le citoyen Crespel aîné, commandant du bataillon de la garde bourgeoise avec charge de le discipliner et le mettre en mouvement. Pour ce faire il est voté un emprunt de mille francs à repartir par feux et à remettre à l'adjudant du bataillon, le citoyen Joseph Mathieu.

(1) Cor. D 1, page 37.
(2) Dél. D 1, page 25.

[1] Pour que la chasse qui allait être faite fut fructueuse les administrateurs de la commune d'Entraque furent informés des décisions prises avec prière de porter à la connaissance des administrés que, si parfois des volontaires d'Entraque s'étaient réunis aux brigands, de les inviter de rentrer chez eux faute de quoi personne n'aurait reçu grâce et tous les rebelles pris les armes à la main auraient été fusillés.

[2] D'un autre côté avis était donné au département de Nice qui envoya immédiatement le capitaine Campocasso, commandant des éclaireurs pour prêter la main.

L'on se rappelle que promesse d'amnistie avait été faite aux barbets qui avaient promis de rentrer ?... Voici comment cette promesse fut exécutée et comment les faits sont exposés par une lettre datée du 20 octobre 1796 :

« Le citoyen Campocasso, capitaine commandant
« des éclaireurs venu dernièrement dans ce canton
« avec ses hommes, nous a informé qu'il faisait par-
« tie du Conseil secret de Nice et qu'il était délégué
« pour annoncer aux agents de la commune les déci-
« sions prises au sujet du rapatriement des émigrés et
« barbets.

« Il nous chargea de faire savoir aux sus-nommés
« de se repentir, de rentrer librement et que tous les
« crimes et délits commis à ce jour étaient absous
« pourvu qu'à l'avenir ils devinssent de citoyens hon-
« nêtes et bons républicains. Que tous ceux qui ren-
« treraient seraient portés d'office à la garde bour-
« geoise.

(2) Cor. D 1, page 33.
(1) Cor. D 1, page 41.

« Sur cette promesse nous avons informé les parents
« des barbets d'aller à leur recherche et de les faire
« rendre.

« Plusieurs sont rentrés et ont été portés au rôle
« de la garde bourgeoise, mais aussitôt le capitaine
« Campocasso les a fait arrêter ce qui a décidé ceux
« qui allaient rentrer encore à prendre nouvellement
« la fuite et se mettre en guerre contre nos communes.

[1] « Parmi les barbets repentants arrêtés se trou-
« vent Bovis, Antoine Corniglion, Paul Golzio que
« nous vous prions de faire mettre en liberté sans
« quoi nous ne répondons de rien à l'avenir ne pou-
« vant plus compter sur la parole d'honneur de l'un
« des capitaines de la République. »

Cela n'eut aucun résultat et les éclaireurs
continuèrent à donner la chasse non seulement aux suspects, mais aux citoyens paisibles si bien que le 13 novembre, l'administration municipale écrivit au général Garnier :

[2] « Nous vous informons que les éclaireurs ici
« cantonnés donnent lieu aux réclamations des habi-
« tants qui se plaignent des injustices commises, des
« vexations sans nombre, des vols d'argent et objets
« divers.

« En conséquence, nous vous prions de vouloir or-
« donner leur départ et nous nous chargeons de la
« sûreté publique. »

[3] Suite favorable fut donnée et pour montrer le zèle la garde bourgeoise arrête le 25

(1) Corr. D 1, page 42.
(2) Corr. D 1, page 51.
(3) Corr. D 1, page 55.

novembre le nommé Barthélemy Fornaro, dit Cordet, barbet redouté.

L'hiver arrive et avec lui la neige ce qui met les barbets dans l'impossibilité de se livrer à de nouveaux exploits par le motif bien simple que les cols sont fermés, que toute fuite devient impossible et les oblige à choisir des quartiers plus cléments où, à l'abri, cachés, ils peuvent attendre le printemps pour battre nouvellement la campagne.

[1] Le 18 janvier 1797, l'administration municipale informe que la lettre du ministre de la guerre en date du 29 brumaire ne peut être exécutée attendu que les armes appartenant aux particuliers ont été livrées à la garde bourgeoise pour servir à la défense de la commune.

[2] Le refus était justifié, car si les barbets restaient tranquilles on les savait toujours organisés et le beau temps revenant prêts à recommencer.

Dès le 15 mai, le Conseil prévoyant un mouvement de la part des barbets se réunit d'urgence et les représentants délibèrent :

« Attendu l'extrême urgence qu'il y a de se mettre
« à l'abri des coups de main qui peuvent se renouveler
« comme l'année dernière ;
        « Attendu que par faute de fusils et de munitions
« la population serait impuissante de résister ;
        « Sous le coup de la menace d'une prochaine in-
« cursion ;

(1) Corr. D 1, page 80.
(2) Dél. D 1, page 80.

« Demande à l'administration centrale le nécessaire
« pour armer la garde nationale et marcher contre les
« ennemis du bien public et du gouvernement. »

[1] Ensuite le Conseil vote une prime de 50
livres à celui qui tuerait ou dénoncerait, arrê-
terait ou ferait arrêter un barbet.

Est-ce que les préparatifs et les bonnes dispositions prises purent faire trembler un instant ces criminels ?

On ne saurait le croire, mais pourtant aucun
attentat contre les particuliers ou les propriétés
n'est signalé.

La lettre suivante de l'administration centrale adressée le 4 septembre au Président du
canton laisse supposer qu'il existe un peu de
tranquillité :

[2] « Le Commissaire du Directoire Exécutif près
« notre administration nous a instruit, Citoyen, par la
« lettre du 14 fructidor, que des émigrés revêtus encore
« de l'uniforme, qui prouve qu'ils ont porté les armes
« contre la République et par conséquent fait verser
« le sang de nos concitoyens armés pour la défense
« de la liberté, promènent insolemment dans le cercle
« de plusieurs communes de ce département et y
« propagent des espérances aux habitants crédules du
« retour du gouvernement qui n'existe au-delà des
« Alpes que par un mouvement de la générosité répu-
« blicaine.

« Nous ne pouvons qu'exciter votre zèle pour décou-
« vrir ces êtres, qui osent paraître sur un sol qu'ils ont
« lâchement abandonné, les faire arrêter et conduire

(1) Dél. D 1, page 91 *bis*.
(2) Emigrés, I 4.

« par devant les tribunaux compétents en vous préve-
« nant que nous sommes décidés à sévir contre les
« autorités qui auront souffert, toléré ou ignoré de
« semblables infractions aux lois ; nous espérons que
« les mesures que vous employerez nous épargneront
« le désagrément de sévir à votre égard.

« Salut et Fraternité.

« *Signé :* BASSEY - DONNY - OBERTY - SCUDERY. »

[1] Et dès le 15 septembre l'administration centrale écrivit :

« Vous trouverez ci-joint, citoyens administrateurs,
« un exemplaire d'affiche du jugement rendu par le
« Conseil de guerre permanent de la 2me division de
« la cité contre le nommé Dominique Joffret, dit Boas
« l'appétit, barbet, condamné à la peine de mort.
« Vous voudrez le faire publier et afficher et en
« accuser réception.

« Salut et Fraternité.

« *Signé :* DONNY — BASSEY — OBERTY. »

[2] En outre et pour bien indiquer que la République voulait en finir pour toujours, le ministre de la police générale à Paris, par lettre datée du 6 septembre et reçue le 17, ordonnait au Commissaire du Directoire Exécutif du canton de décacheter les lettres arrivant aux habitants suspects pour être lues et le cas échéant faire procéder à des arrestations.

(1) Barbets, I, numéro 1.
(2) Emigrés, 1, numéro 2.

(1) Telle latitude devait facilement aider à commettre des excès, aussi les premiers signalés sont-ils les frères Crespel, ennemis des Mathieu, président du canton, et Fassi, pharmacien.

(2) Se voyant surveillés ils fuient et passent au service du roi de Sardaigne.

Aussitôt et par lettre du 8 novembre l'on informe le département de Nice qui ordonne la saisie de leurs biens et Mathieu de répondre :

(3) « Nous vous envoyons incluse copie de la liste
« des biens appartenant aux frères Crespel et au phar-
« macien Fassi, tous officiers au service Sarde. Ledit
« Fassi a laissé sa femme avec une petite fille âgée de
« 15 ans environ.

« Salut et Fraternité. »

(4) Quelques soupçons se portent aussi sur Joseph-André Thaon, riche propriétaire et très influent de La Bollène, mais avant que de laisser sévir (il fut arrêté plus tard) l'administration fit la déclaration suivante :

« Nous, membres composant l'administration mu-
« nicipale du canton de Roquebillière certifions sur
« l'attestation des citoyens Pierre Rostagni, Melchior
« Deprat, Louis Anfossi, Joseph Deprato, Louis Cris-
« tini, Baptiste Thaon et Ignace Robini, tous domici-

(1) Corr. D 1, page 114
(2) Voir note 4.
(3) Corr. D 1, page 114.
(4) Délib. D, page 10.

« liés dans la commune de La Bollène [1] que le
« citoyen Joseph-André Thaon, fils, âgé de trente-
« deux ans, environ, vivant de ses rentes dans l'an-
« cien régime, de la taille de quatre pieds et trois
« pouces, cheveux et sourcils noirs, nez moyen, bou-
« che grande, menton rond, visage plutôt long et
« marqué de la petite vérole, yeux gris, a résidé sans
« interruption dans ladite commune de La Bollène
« depuis le 1ᵉʳ mars 1793 jusqu'au commencement de
« septembre même année où les Piémontais se sont
« emparés de ce pays, lesquels l'abandonnèrent le 23
« avril 1794 aux Français époque de la prise de Saorge,
« depuis quel temps ledit Thaon a résidé sans inter-
« ruption en cette dite commune jusqu'aujourd'hui.

« Certifions en outre que les citoyens attestants ne
« sont à notre connaissance et d'après leur affirmation
« ni parents, ni alliés, ni fermiers, ni créanciers, ni
« débiteurs, ni employés à son service.

« Fait à la Maison commune ce 2 ventôse, an VI.

« Salut et Fraternité. »

Le citoyen Thaon fut donc provisoirement
laissé tranquille. [2]

Que s'est-il passé depuis lors ?.... nul ne
le sait, car une main profane coupa trois
feuilles du registre classé par nous à la Lettre D, délibération nº 3, page ?....

Toutefois en continuant nous trouvons que
ce même Thaon Joseph-André est élu président
du canton et prend l'initiative d'une mesure
énergique pour assurer la destruction des
barbets.

(1) Voir note 6.
(2) Délib. D 1, page 21.

Nous copions en entier dans son style la délibération prise :

« Aujourd'hui 18 thermidor, an VI Républicain à
« Roquebillière, les Agents Municipaux des communes
« de Roquebillière, Saint-Martin, Belvedère, Bollène
« et Venanson, composant l'administration municipale
« du canton de Roquebillière, réunis en assemblée
« pour tenir les séances périodiques en vertu de l'ar-
« rêté du département ; sur les réitérées relations qui
« nous ont été faites des assassinats qui journellement
« se commettent dans le territoire du canton et surtout
« venant du Piémont à Saint-Martin, terroir dudit
« lieu et de Belvedère et que les assassinats, malgré la
« plus stricte surveillance, sont impunis.

« Considérant que la licence de ces assassins, les
« opérations desquels s'ils demeurent impunis ren-
« dront à l'avenir les chemins impraticables, le com
« merce anéanti, l'humanité à leur merci.

« Considérant que si ces êtres destructeurs de
« l'humanité ne viennent pas à être anéantis et consi-
« dérant aussi que ces individus n'auraient pas tant
« régné sur la terre si des receleurs ne leur fournis-
« saient point de secours, des asiles et des subsistances.

« Considérant que lesdits receleurs doivent encourir
« la même peine portée par la loi aux assassins.

« Considérant que pour purger une fois pour tou-
« jours le sol de ces infâmes égorgeurs et pour y mieux
« parvenir donner une gratification à tout individu
« qui remettrait entre les mains de la justice ou qui
« fournirait des moyens pour ladite arrestation ou qui
« en tuerait un, tant si c'est un bandit, comme un rece-
« leur.

« Considérant enfin que pour assurer autant qu'il
« est possible le libre passage dans tout ce canton, il
« est nécessaire d'établir un piquet fort de quinze
« hommes au lieu dit de Fenestre, endroit où se com-

« mettent fréquemment les assassinats ; les soldats
« seront pris respectivement dans toutes les communes
« du canton.

 « Considérant aussi que les réfractaires devront
« être punis conformément aux lois :

 « L'administration municipale après avoir ouï le
« Commissaire du Directoire Exécutif :

« ARRÊTE :

 « ART. 1er. — Tout individu qui prendra, tuera,
« donnera des moyens pour la prise d'un barbet rece-
« vra en récompense le salaire de cent livres monnaie
« métallique courante payable de la Bourse commu-
« nale du canton à proportion de la contribution et de
« la matrice du rôle et comme il suit, savoir :

Roquebillière	32 10	
Saint-Martin-Lantosque	32 10	
Belvedère	17 10	101 livres 10 sols
La Bollène	14 00	
Venanson	5 00	

« non compris les salaires ou récompenses portées par
« l'arrêté du Directoire exécutif en date du 17 messi-
« dor dernier de cent livres qui seront payables sui-
« vant l'esprit et les articles de la Loi, à Nice.

 « ART. 2. — A compter de demain 17 courant de
« thermidor les communes de :

Saint Martin	fournira	5	hommes	
Roquebillière	—	4	—	
Belvedère	—	3	—	soit 15 hommes
La Bollène	—	2	—	
Venanson	—	1	—	

« lesquels se rendront à l'édifice de Fenestre, terroir
« de Saint-Martin confinant Entraque de Piémont,
« pour rester de piquet pour s'opposer aux invasions

« des barbets, sous les ordres du commandant en chef
« lesquels seront relevés par chaque tridi avec la paie
« de 25 sols chacun par jour pour indemnité de sub-
« sistance.

« ART. 3. — Tout individu qui sera commandé à
« son tour pour le service dudit piquet et qui se refu-
« sera sera condamné à payer la somme de trois livres
« par jour lesquelles seront reparties au profit des
« hommes composant le piquet et le capitaine com-
« mandant du lieu est autorisé de donner des ordres
« pour la prise desdites trois livres, outre l'emprison-
« nement porté par la loi.

« ART. 4. — Tout homme commandé pour la pa-
« trouille qui se refusera sera paisible des dispositions
« de l'article précédent.

« ART. 5. — Les agents municipaux sont autorisés
« chacun en ce qui les concerne de se pourvoir de mu-
« nitions de guerre et sont invités à faire les démar-
« ches nécessaires pour en trouver.

« ART. 6. — Le présent arrêté sera affiché dans
« toutes les communes de ce ressort pour ne pas dire
« cause d'ignorance.

« Fait et arrêté en séance extraordinaire les jours,
« mois et an que dessus.

> « *Signés:* THAON fils, président ; ROGERI,
> agent municipal — ABOLIN — COR-
> NILLON – CAGNOLI — LAURENTI,
> secrétaire — MATHIEU, Commis-
> saire du Directoire Exécutif. »

[1] Mais soit que la charge fut trop lourde,
soit que le commandant ne fut point trop
confiant sur ses hommes, aussitôt l'arrêté pris
Corniglion Joseph, capitaine de la Garde Natio-

(1) Dél D 3, page 26.

nale démissionna et fut remplacé par Pierre-Honoré Mathieu qui accepta.

[1]D'un autre côté, M. de Toygenbortz, commandant les troupes piémontaises à Entraque fut invité par lettre du 11 novembre de prêter son concours pour empêcher l'accès du territoire français aux barbets venant du Piémont, mais le maire de cette commune qui avait reçu avis de la prime que l'on donnait pour chaque barbet pris, refusa prétextant que la somme était dérisoire proportionnée aux périls.

[2] Le résultat à espérer des mesures prises ne fut pas heureux et dès le 4 février 1799 l'administration centrale du département des Alpes-Maritimes arrêta l'organisation des colonnes mobiles.

L'arrêté trop long pour être copié en entier portait que le général Puget, commandant militaire du département, était requis de fournir une force armée de trois cents hommes à diviser en quatre colonnes pour aller visiter quatre parties du département, chaque colonne ayant à sa tête un lieutenant de gendarmerie avec sa brigade.

La première colonne devait se diviser en deux et faire Monaco, Menton et Perinaldo ; l'autre Contes, Sospel et La Briga.

La seconde Aspremont, Levens, Utelle, Roquebillière, Valdeblore et Saint-Etienne.

La troisième Gilette, Roquesteron, Puget-Théniers, Guillaume, Beuil, Villars.

(1) Corr. D 2, page 27.
(2) Dél. D 3, page 53.

Les citoyens Raibaudi François, Brun François, Torrini François et Léotardi Victor du
Villars étaient nommés Commissaires et devaient suivre chacun une colonne.

Raibaudi avait la première colonne ;
Brun avait le seconde partie de la première ;
Torrini avait la deuxième colonne ;
Léotardi avait la troisième colonne.

Les ordres les plus sévères étaient donnés
par cet arrêté divisé en douze longs articles.

(1) Un des premiers actes fut l'arrestation
du citoyen Thaon Joseph-André, président du
canton, le 25 février 1799, déjà tenu comme
suspect. Cet acte arbitraire décida l'administration municipale à protester et par délibération en date du 11 mars l'administration
centrale en fut informée. Il fallut déléguer à
Nice, insister et enfin le 19 il fut mis en liberté.

La délibération prise à ce sujet était violente
et l'on voit que les esprits étaient surexcités
contre les mesures prises et de part et d'autre
se pratiquait la délation. La voici :

(2) « Aujourd'hui 21 du mois de ventôse de l'an
« VII de la République Française une et indivisible à
« Roquebillière et en la Maison Commune, chef-lieu
« du canton, où se sont réunis les Agents Communaux
« du canton pour attendre les ordres du citoyen Tor-
« rini , commissaire du département nouvellement
« retourné en ce canton avec sa force armée :
« Vu l'arrêté de l'administration centrale du 11
« courant par lequel le citoyen agent municipal Cor-
« niglion de cette commune est autorisé à mettre en

(1) Dél D 8, page 59.
(2) Dél. D 3, page 59,

« liberté le citoyen Thaon, président de cette adminis-
« tration pour reprendre ses fonctions, déclarant illé-
« gale l'arrestation faite dudit Président par le Com-
« missaire Torrini le jour du 7 courant, l'administra-
« tion municipale arrête de se porter chez le citoyen
« Torrini pour donner communication de l'arrêté du
« 11 courant et de la lettre du 12. Sur ce le citoyen
« Torini a répondu qu'il n'entendait rien et qu'il serait
« parti pour Nice pour expliquer l'arrestation et que
« si satisfaction n'était pas donnée il se serait adressé
« au Directoire et au corps législatif, car le président
« avait réellement embrassé un parti hostile.....

Suivent les signatures.

[1] A cette date des mains coupables ont nouvellement déchiré quatre pages du registre des
délibérations classé D n° 3, mais l'interruption
étant de peu de jours nous arrivons au 3 avril
1799 et nous voyons que, conformément à l'article 2, du titre III, section Ire de la loi du 25
brumaire, an III, l'on dresse la liste supplémen-
taire des émigrés dont les biens vont être saisis.

Nous y lisons ceux des cantons d'Utelle,
Briga, Sospel, Lantosque, Puget-Théniers, Nice,
Roquesteron, mais là encore quatre pages
déchirées avec intention empêchent de connaître ceux de Roquebillière.

Puis paraît la copie de la séance du 28 ventôse, an VII, de l'administration centrale des
Alpes-Maritimes qui donne la désignation des
émigrés du canton de Roquebillière où visant
la loi du brumaire ci-dessus arrête :

[2] « Que tous les biens appartenant aux individus
« désignés dans ladite liste seraient regis et adminis-

(1) Dél. D 3, page 68.
(2) Dél. D 3, page 69.

« trés pour le compte de la République et qu'il serait
« pris à l'égard d'eux les mesures les plus sévères.

> « *Signés au registre :* FREMOIS, président —
> SAUVAIGO, J.-B., GUIDE — OLIVIER,
> administrateurs — MASSA, commis-
> saire du Directoire exécutif — LAN-
> CIARES, secrétaire en chef. »

LISTE DES ÉMIGRÉS DU CANTON DE ROQUEBILLIÈRE [1]

NOM, PRÉNOMS, SURNOMS	Qualités	DATE DU DÉPART	Communes
Cagnoli Ignace	bourgeois	fin 1792	St-Martin
Giuge Victor	cultivateur	»	»
Robini André	»	»	Bollène
Barelli Jérôme	»	»	»
Gautier Jean-Marie-Antoine	»	1792	»
Serra Joseph	capit. Sarde	»	»
Rostagni Joseph	bourgeois	»	»
Eusebi Louis	cultivateur	»	»
Ris Baptiste	»	»	»
Robini André dit Alessi	»	»	»
Guigo Louis	»	»	»
Castel Baptiste dit Fracasse	milit. Sarde	2 m. 1792	Belvédère
Daniel Pierre dit Garson	»	»	»
Robini Etienne dit Moissin	»	»	»
Truchi Joseph	»	»	»
Rainard Barthélemy	barbet	»	»
Cristini Antoine-François	capit. Sarde	»	»
Vachier Joseph	barbet	»	»
Corniglion Pierre-Ant^ne-Caton	barbet	28 a. 1792	Roquebilliér.
Nièmes Albert	marchand	»	»

(1) Dél. D3, page 69.

Et là encore la même main a dû couper deux pages qui devaient révéler l'état complet des barbets tenant alors la campagne et ils étaient à ce moment nombreux puisque à la suite d'une lettre écrite par l'administration départementale le 21 germinal an VII la Municipalité répondit le 1er Floréal suivant :

(1) *Au département des Alpes-Maritimes,*

« Nous avons le plaisir de vous informer que la loi
« qui ordonne la descente des cloches a été exécutée
« sauf à Saint Martin où une fut laissée pour servir à
« l'horloge, ainsi qu'à Roquebillière et à La Bollène.
    « Il reste à Saint-Martin une cloche de 7 rups
« (56 kilogs),à Roquebillière une felée pour appeler les
« habitants à la défense de la Patrie ou à la poursuite
« des barbets, ainsi qu'à La Bollène et à Venanson,
« mais ces dernières de mauvais métal pèsent au plus
« 9 rups chacune (72 kilogs). »

            « Salut et Fraternité. »

(2) Le son des cloches devait être insuffisant pour dissiper les barbets et dès le 10 mai le capitaine commandant la 34me demi-brigade cantonnée à Roquebillière et à Saint-Martin informe que le général divisionnaire Puget, commandant la place de Nice, a mis Roquebillière en état de siège et y fixe 24 hommes en subsistance ; quant à Saint-Martin le détachement sera composé de 115 hommes.

(1) Corr. D 2, page 54.
(2) Dél. D 3, page 79.

Le Conseil se réunit, proteste et transmet le procès-verbal de la réunion le 13 mai à l'administration départementale, à Nice.

[1] La protestation réussit à la formation d'une colonne mobile et dès le 17 juin l'arrêté suivant est pris :

« Aujourd'hui 29 prairial, an VII de la Républi-
« que, à Roquebillière, chef lieu de canton ;
« Vu la lettre en date du 14 courant qui ordonne
« la levée de la colonne mobile ;
« Vu le besoin qu'il y a d'empêcher les désordres
« et assassinats que les barbets commettent ;
« Ouï le Commissaire du Directoire Exécutif.

« ARRÊTE :

« Art. 1ᵉʳ.—La commune de Roquebillière, chef-lieu
« de canton, doit former une compagnie et demie de
« 60 hommes de gardes nationaux sédentaires, laquelle
« doit fournir 15 hommes pour gardes mobiles.

« Art. 2. — La commune de Saint-Martin est taxée
« au même.

« Art. 3.— Celles de Belvedère et Bollène lèveront
« chacune 60 hommes et fourniront 10 hommes cha-
« cune pour la colonne mobile.

« Art. 4. — Celle de Venanson composée de 352
« habitants environ fournira 30 hommes de gardes
« nationaux et 5 pour la colonne mobile.

« Les agents municipaux fourniront la liste des
« hommes choisis pour la colonne mobile qui sera
« composée de 60 hommes avec le chef dans la pré-
« sente décade et un double sera remis au chef de ba-
« taillon Robini. »

Suivent les signatures

(1) Dél. D 3, page 84.

(1) Mais pendant que ces mesures étaient prises dans le canton et que cette formation pouvait paralyser les actes criminels, l'administration est informée que 200 barbets piémontais arrivés à Saint-Étienne-Monts avaient capturé toute la municipalité composée de 7 délégués en séance.

(2) Cette nouvelle refroidit le zèle du commandant Robini qui démissionne et qui est remplacé par le citoyen Cagnoli Joseph.

(3) A son tour l'administration municipale refuse de siéger de peur d'être assassinée.

(4) Le mal est contagieux car Cagnoli Joseph démissionne de chef de bataillon et est remplacé par le pharmacien Hospice Richeris.

(5) Richeris démissionne à son tour et est remplacé par Joseph Eusebi.

(6) Et pendant que les démissions se suivaient la nouvelle est apportée que le brigadier Vauvessaire, commandant la brigade de gendarmerie du canton a été assassiné par les barbets pendant qu'il allait en tournée sur le chemin de Lucéram en compagnie du sieur Gaetti de Peillon, qui lui aussi avait été assassiné.

(7) La Municipalité mise en demeure de s'expliquer sur ce crime informe qu'aucun assassinat ne se commet sur le terroir de Ro-

(1) Corr. D 2, page 76.
(2) Dél. D 3, page 87 bis.
(3) Cor. D 2, page 76.
(4) Dél. D 3, page 90 bis.
(5) Dél. D 3, page 91 bis.
(6) Cor. D 2, page 87.
(7) Cor. D 2, page 88.

quebilière tant est grande la surveillance mais que les barbets tuent sans cesse au quartier Peira-Cava, Maïris, Colle Noire, Pontaret, faisant partie du canton de Lucéram et de Moulinet et aussi quelques assassinats sur le terrain d'Utelle, mais que la plus grande sévérité et surveillance est exercée dans les communes du canton.

(¹) Ce néanmoins l'administration départementale ordonne l'organisation d'une battue générale pour s'emparer des barbets et brigands qui sont signalés et les ordres les plus sévères sont donnés.

Voici en outre les ordres transmis :

(²) « *Nice, le 6 vendemiaire, an VIII de la République.*

« L'Administration Centrale au département des « Alpes-Maritimes.

« Vu la lettre écrite à cette Administration Centrale « par le général divisionnaire Arnous, du 5ᵈ du cou- « rant par laquelle il propose les citoyens Viales, Layet, « Labrugère et Espitallier, tous quatre capitaines pour « aider le Commissaire civil pour l'exécution de notre « arrêté du 5ᵉ jour complémentaire :

« Vu pareillement l'ordre donné par le général « divisionnaire Arnous auxdits quatre capitaines ci- « dessus désignés de se présenter à elle afin d'aider « ces communes pour hâter l'exécution de la loi du « 14 Messidor dernier relatif à la formation des batail- « lons auxiliaires adjoint par la présente le citoyen « Labrugère sus-dénommé pour l'aider dans ses fonc-

(1) Cor. D 2, page 91.
(2) Dél. D 3, page 103 bis.

« tions et leur ordonne de partir ce jourd'hui pour
« aller parcourir les cantons de Contes, Tourrette,
« Levens, Utelle, Le Villars, Roquebillière et Valde-
« blore.

« Signés : JOSEPH DRAGOUL, président ; —
BESSI ; — BONA. »

(²) L'arrêté joint au talon, porte :

« L'Administration Centrale des Alpes-Maritimes :

« Considérant que nonobstant toutes les mesures
« prises pour la repression du brigandage dans l'inté-
« rieur de ce département les barbets renouvellent
« chaque jour leurs crimes et leurs excès ;

« Considérant que les colonnes militaires envoyées
« en dernier lieu à leur poursuite ne sont point parve-
« nus à les arrêter parce qu'à l'arrivée de la force
« armée dans une commune les brigands fuyent et
« trouvent les moyens de se cacher ;

« Considérant que presque tous les réquisition-
« naires et conscrits ont été constamment sourds à la
« voix de la Patrie ainsi qu'à toutes les proclamations,
« instructions et sollicitations ainsi qu'aux réquisi-
« tions que cette administration n'a laissé de leur
« faire, qu'ils ont même éludé l'envoi et l'appareil de
« la force armée ;

« Considérant qu'il y a lieu de soupçonner que les
« ascendants des réquisitionnaires et conscrits ne se
« soient rendus coupables en tenant leur fils dans leur
« maison de campagne et qu'ils ne soient pas totale-
« ment étrangers au barbétisme ;

« Considérant que pour réprimer le brigandage de
« ces barbets il est nécessaire que les colonnes de la
« force armée actuellement occupées à leur donner la

(1) Dél. D3, page 104.

« chasse aient à leur tête des hommes revêtus de l'au-
« torité civile pour requérir tous les fonctionnaires
« publics des communes pour déclarer et indiquer les
« individus qui donnent asile aux conscrits et aux
« réquisitionnaires fuyards et aux barbets et déclarer
« le nom des habitants de leur commune qui font par-
« tie des bandes de ces derniers ;

« Considérant que pour s'assurer de la résistance
« des réquisitionnaires et conscrits de toutes les clas-
« ses, s'assurer de l'obéissance à la loi et remplir les
« ordres du Ministre de la guerre pour la formation
« des bataillons auxiliaires il n'y a pas d'autres voies
« à prendre que la voie de la force.

« Ouï le commissaire du Directoire Exécutif :

« ARRÊTE :

« ART. 1er. — Il sera nommé des commissaires
« pour se mettre à la tête des différentes colonnes de
« la force armée qui seront envoyées à la poursuite
« des brigands connus sous le nom de barbets, dont
« une liste sera remise aux commissaires ainsi que des
« réquisitionnaires et conscrits de chaque commune.

« ART. 2. — Les Commissaires sont :

« Le citoyen DROGOUL, *président* de cette adminis-
    « tration.

« LAIDET, *secrétaire* au bureau de la guerre.

« DUPONT, *receveur* d'enregistrement à Utelle.

« ART. 3. — Il sera remis à chaque commissaire
« ci-dessus nommé, un exemplaire de l'arrêté de
« cette administration centrale en date du 29 Fructi-
« dor et dont ils sont expressément chargés de faire
« exécuter. A cet effet ils se feront remettre par les
« administrations municipales des communes où ils
« passeront une liste exacte des absents et des motifs
« de leur absence.

« ART. 4. — Ils feront dresser par l'Agent Munici-
« pal, si fait n'a été, procès-verbal des vols et assassi-

« nats commis dans chaque commune ; en cas de refus
« ils les dresseront eux-mêmes pour en transmettre
« copie au commissaire du Directoire Exécutif près les
« tribunaux civils et criminels de ce département et
« assurer en attendant l'application de la loi du 10 ven-
« démiaire, an IV, et déposer l'original au greffe de
« chaque commune.

[1] « ART. 5. — Lesdits commissaires demande-
« ront compte des démarches que doivent avoir faites
« les administrations municipales et les commissaires
« près d'elles ou les agents ou adjoints municipaux
« près les communes pour obliger les réquisitionnaires
« et conscrits à se rendre au lieu qui a été désigné
« pour leur réunion et s'informeront si ces réquisition-
« naires et conscrits sont dans leurs communes, pour
« les faire arrêter et conduire au dépôt qui leur a été
« désigné et s'ils sont absents obligeront les père et
« mère à produire une attestation légale certifiant
« qu'ils sont à leur poste à défaut les père et mère se-
« ront pris pour ôtages, comme ascendants d'indivi-
« dus faisant partie des bandes de barbets.

« ART. 6. — Les Commissaires ci-dessus nommés
« réqueront les agents des communes qu'ils ont à par-
« courir à fournir un nombre de fusils égal au nombre
« de leurs réquisitionnaires et conscrits et les faire
« transporter à la commune de Monaco.

« ART. 7. — Lesdits commissaires activeront et
« surveilleront les visites domiciliaires ordonnées par
« la loi du 26 thermidor pour l'arrestation des embau-
« cheurs, des émigrés rentrés, des égorgeurs, des bri-
« gands et de leurs complices. »

[2] Dès le premier octobre l'on arrête le
nommé Octave Massiera, à La Bollène, mais

(1) Dél. D 3, page 105.
(2) Barbets, I 3.

grâce à la protection de l'agent Thaon et du
commissaire Laurenti il fut mis en liberté, s'il
faut en croire le certificat qui fut délivré par
l'administration municipale et qui portait :

« (1) Nous soussignés, membres composant l'admi-
« nistration municipale de Roquebillière, à la requête
« de la citoyenne Emilie Maïstre, domiciliée à La Bol-
« lène, alliée au premier degré d'Octave Massiera,
« aîné, fils de François, ci-devant officier au service
« du roi Sarde, après représentation faite par l'adjoint
« municipal de la commune de La Bollène, Louis
« Robini, de la lettre du citoyen Gallet, capitaine
« commandant la brigade en résidence à Roquebil-
« lière, du 1ᵉʳ complémentaire dernier de laquelle il
« résulte que Octave Massiera ci dessus nommé est
« qualifié du titre de : *Chef des Barbets.*

« Certifions, au nom de la vérité, après renseigne-
« ments pris, qu'Octave Massiera, durant les 21 et 29
« fructidor dernier à l'époque des assassinats commis
« contre la maison du Président du canton et de son
« père, n'a pas été dans le nombre des barbets, ni
« personne ne l'a jamais vu en intelligence avec eux,
« ni de même n'avons entendu dire que le même soit
« soupçonné de barbétisme;

« En foi de quoi le présent est délivré ce 9 ven-
« démiaire, an VIII de la République Française. »

Deux mois passent et rien ne se produit
de bien saillant ou de moins il n'existe aucun
rapport au sujet des barbets, mais dès le 2ᵉ

____

(1) Barbet, 1 3.

décembre les bandes sont signalées et l'administration municipale écrit :

> « *Roquebillière, 11 frimaire, an VIII*
> *au département de Nice,* [1]

« Nous nous trouvons dans la dure nécessité, admi-
« nistrateurs, de vous apprendre que durant la journée
« des 6 et 7 courant un corps de 120 Autrichiens aux-
« quels s'étaient joints environ 30 paysans de Vinadio et
« de Demonte ont poussé l'audace de pénétrer jusqu'à
« Valdeblore, en suivant ou passant par Isola, Saint-
« Sauveur, Rimplas, donnant le sac aux maisons ha-
« bitées par les agents municipaux, se portant même
« à des voies de fait contre la femme de l'un de ces
« derniers à laquelle ils brisèrent un bras. Arrivés à
« La Bolline le commandant de la troupe ordonna aux
« habitants de prendre les armes sous peine de 100
« francs d'amende, ordre qui fut affiché et dont nous
« vous adressons un exemplaire portant la date du 28
« novembre 1799.

« Les habitants s'étant refusés, la troupe commit
« toute sorte de cruauté et plusieurs habitants sont en
« ce moment dangereusement malades.

« Ils cherchèrent alors les autorités, mais en vain
« ces derniers s'étant cachés pour ne point être pris et
« conduits en Italie.

« Voilà, citoyens administrateurs, l'état dans lequel
« nous nous trouvons : ou démissionner ou attendre
« la mort.

« Nous vous invitons d'en instruire au plus tôt les
« généraux en Piémont en leur mettant sous les
« yeux les faits arbitraires que les militaires se per-

(1) Corr. D 2, page 107.

« mettent de commettre sur des innocents, faits qui
« déshonorent l'humanité.

« A défaut nous serons forcés d'abandonner, contre
« notre volonté, le poste que nous occupons.

« Salut et Fraternité. »

(1) Il est facile de comprendre la panique qui devait régner à ce moment et le trouble dans lequel se trouvait la commune, si bien qu'obligée d'envoyer les états de fournitures faites à la troupe, le conseil réuni délibère, qu'attendu que les barbets infestent la contrée, l'envoi des états de fournitures faites est ajourné.

Et pourtant les colonnes mobiles battaient toujours la campagne, mais malheureusement sous prétexte de faire la guerre aux barbets ces troupes commettaient des excès.

Ainsi le 2 mars 1800 la Municipalité écrivait :

« (2) En réponse à votre lettre du 12 pluviôse der-
« nier, nous pouvons vous assurer que les commissai-
« res civils qui sont envoyés ici en mission de temps
« à autre, n'ont que le souci de se créer des bénéfices
« en cherchant leurs intérêts et non pas ceux de la
« République et pourvu que d'une manière ou de
« l'autre leur bourse se garnisse peu leur importe les
« malheurs d'autrui.

« Le citoyen Labruyère, adjoint au citoyen Dupont
« à l'occasion de sa mission, a exigé de la commune
« de Venanson 24 francs et n'a délivré reçu que pour
« 12 francs.

(1) Dél. D 3, page 115.
(2) Corr. D 2, page 115.

« A Belvedère, après avoir exigé 36 francs n'a
« passé reçu que pour 12.

« Voilà comment se comportent les Commissaires
« à la montagne.

« Le commissaire Torrini et son escorte ont fait
« ici une dépense de 700 francs sans donner quittance.

« Que ceci vous serve d'avis. »

(¹) D'un autre côté la troupe n'épargnait rien
pour mécontenter la population et la Municipalité écrivait le 10 mars :

« Nous vous demandons au nom du bien public de
« procurer le changement du citoyen Masuchelli, chef
« de brigade du 3ᵐᵉ bataillon cisalpin avec sa troupe,
« commandant la place de Saint-Martin depuis six
« mois.

« Le susnommé depuis quelques mois se comporte
« mal et son départ est désiré par tous les habitants à
« cause que sa garnison cisalpine s'en va la nuit dans
« les campagnes, détruisant les bâtiments ruraux, y
« enlevant les récoltes, arrêtant les habitants qui
« osent se plaindre.

« Cette troupe ose jusqu'à pénétrer dans les mai-
« sons des particuliers pour y voler de l'argent sous
« prétexte de procéder à l'arrestation des barbets.

« Leur conduite est tellement ignoble que les vo-
« lontaires français qui se trouvent dans la même
« garnison refusent de faire patrouille ensemble pour
« ne point être complices des délits qui commettent
« les soldats de Masuchelli. »

Quelles furent les mesures prises alors ?....
Nous l'ignorons, car il existe à partir de là

____

(1 Corr. D 2, page 116.

une lacune que nous nous expliquons par le désordre qui dut se produire au printemps de l'an VIII par l'occupation du département par l'armée autrichienne.

Le général Suchet apprenant le passage du Grand Saint-Bernard par le premier Consul, repasse le Var, force les Autrichiens à fuir et amène derrière lui le premier préfet des Alpes-Maritimes, M. Flourens, qui est installé le 12 prairial, an VIII.

Il adresse aussitôt dans toutes les communes sa première proclamation, datée de ce jour où il disait :

« J'arrive au milieu de vous pour adoucir les maux « qui viennent d'affliger ce pays. Je n'apporte ni haine, « ni prévention, mais une justice froide et impassible « et toutefois sévère et inflexible pour le coupable.... »

(¹) Aussitôt au courant de la situation, le 30 prairial, an VIII, il adresse l'arrêté relatif aux barbets joint à une lettre où il informe que l'arrêté a été pris pour arriver à la repression des brigandages et assassinats qui se commettent par les barbets dans le département.

« Vous sentirez, dit-il, que de la stricte et sévère « exécution des mesures qu'il contient, dépend le « maintien de la sûreté publique et particulière. »

Soit que les ordres fussent sévères, soit qu'une nouvelle lacune exsite, rien dans les

(1) Barbets I 3.

affaires municipales ne dénote un mouvement de la part des barbets, mais dès le 12 mars 1801 le maire de Roquebillière adresse au citoyen Pierre-Honoré Mathieu, commandant la garde nationale, l'ordre ci-dessous : (1)

« Vu le très grand danger des brigands et des
« barbets et avec l'insouciance de cette garde pour un
« service tant essentiel pour le maintien du bon ordre
« et de la tranquillité publique et sûreté de nos conci-
« toyens.

« Nous vous invitons et requérons autant que de
« besoin à faire, sous votre responsabilité, remettre en
« activité la garde nationale que vous commandez et
« à la faire monter à une force suffisante, car une
« quinzaine de barbets se sont montrés aux communes
« qui nous environnent et où ils ont déclaré vouloir
« venir faire des malheurs à Roquebillière, aussi je
« tiens à vous avertir pour vous permettre d'user de
« tous les moyens possibles selon votre zèle ordinaire
« et avertir chaque homme de se procurer des armes
« et des munitions attendu qu'en cette circonstance
« nous en sommes dépourvus.

» La garde nationale se réunira ce soir. »

(2) Il y avait de la part de l'administration municipale une ferme volonté d'arriver à exterminer les barbets, mais que pouvait-elle devant l'indifférence ou la conivence des habitants?...

Le 18 juillet 1801, le Commissaire du Gouvernement près le tribunal des Alpes-Maritimes, le citoyen Lombard, demande la liste

(1) Dél. D S, page 47.
(2) Barbets I 3, pièce 4.

détaillée des barbets de Roquebillière battant la campagne.

(¹) Elle allait être fournie lorsque le préfet Flourens par lettre du 25 juillet informe :

« Qu'une bande de barbets s'est introduite dans
« la nuit du 21 au 22 messidor, à Roquebillière, où
« elle y est restée jusqu'à trois heures du matin. »

Qui donc favorisait leur entrée ?
(²) Devant la complicité des habitants, le préfet Flourens et dès le 26 juillet prend un arrêté qu'il adresse au Maire en vue de la mise en marche de la colonne mobile.

Cet arrêté pris le 4 thermidor, an IX, prescrit les mesures à prendre pour arrêter les barbets.

(³) Le juge de paix Barelli est en outre intimé d'avoir à fournir la liste des barbets déjà réclamée au Maire par le Commissaire Lombard et le juge s'adresse à son tour en ces termes :

« Je suis chargé de, sans délai, transmettre un état
« de tous les barbets et scélérats existant encore dans
« mon ressort pour être connus du Gouvernement et
« les faire poursuivre. Je vous invite dès demain, me
« faire passer tel état contenant les noms, prénoms,
« surnoms, âge, profession, demeure, s'il est possible
« avec les signalements et renseignements sur leur
« conduite en citant les crimes qui leur sont imputés.

(1) Barbets I 3, p. 5.
(2) Barbets I 3, p. 6.
(3) Barbets I 3, p. 7.

« Ne craignez point de les déclarer et que tous
« unis puissions contribuer à leur juste punition et
« anéantissement afin de pouvoir jouir d'une parfaite
« tranquillité.

« Je vous salue,

« BARELLI. »

(1) La liste est enfin dressée et nous en trouvons la copie sur un papier isolé qui a dû sa
conservation à l'effet du hasard.

(1) Barbets I 3, p. 8.

LISTE

DES

BARBETS DE ROQUEBILLIÈRE

12 Thermidor, an IX

LISTE DE TOUS LES BARBETS DE ROQUEBILLIÈRE, NOTOIREMENT CONNUS COMME TELS OU COMPLICES DE CES DERNIERS

NOM, PRÉNOMS ET SURNOMS DES BARBETS	PROFESSION	NATURE DES DÉLITS	SIGNALEMENTS	RÉSIDENCES
Cornillon Jean-Baptiste dit Caton.	cultivateur	voleur et assassin très connu depuis le commencement de la guerre	5 pieds et 5 pouces, cheveux châtains et visage ovale, parfaitement connu par tous au pays	On les croit en ronde de barbétisme dans le département, souvent du côté d'Oneille, tantôt du côté de Valdieri, Vinadio, Demonte et Entraque
Matteo Charles dit Bacci	ex-tailleur	id.	5 pieds et 4 pouces, cheveux blonds et visage rond	
Gnemi Albert dit Camillon	marchand ruiné	assassin le plus cruel contre Mathieu	5 pieds et 5 pouces, cheveux châtains et visage ovale	
Cornillon Barthélemy dit Parella.	scieur ex-officier du roi Sarde	assassin des plus cruels contre les f^res Mathieu depuis quelques années	5 pieds et 4 pouces, yeux roux	
Cristini Charles dit Lavoust [1]	cultivateur et ex-militaire sarde	l'un des plus anciens et très connu barbet en tous genres	5 pieds et 2 pouces	Sur le territoire de Roquebillière jusqu'à Valdieri et Entraque
Carlon Pierre dit Fabras.	maréchal-ferrand	convaincu s'être trouvé à piller le citoyen Mathieu, ex-juge de paix de ce canton	5 pieds et 2 pouces, cheveux et sourcils noirs, yeux roux, barbe noire, visage piqué de la petite vérole	La même que Cristini Charles
Drago Charles dit Blanci.	cultivateur	convaincu s'être trouvé à piller le citoyen Mathieu, ex-juge de paix de ce lieu et camarade de Carlon	5 pieds et 3 pouces, cheveux et sourcils noirs, barbe noire, visage long	La même que Cristini Charles
Matteo André dit Cavo	cordonnier	commença audit pillage et à ceux des autres frères Mathieu	5 pieds et 4 pouces, cheveux et sourcils blonds. visage long.	On le croit en prison à Coni

Certifié véritable la présente liste, par moi, soussigné. Maire de la commune de Roquebillière.

Roquebillière, le 12 thermidor, an IX de la République Française.

Le Maire,

Signé : **GIRARDI.**

(1) Voir note 5.

(¹) Toutes les listes réunies par communes,
par canton, au chef-lieu de département, per-
mit de se faire une idée précise sur le nombre
des barbets existant et la chasse put leur être
faite avec des données précises.

Aux yeux de l'administration centrale cette
mesure avait suffi pour amener la fuite ou la
destruction des individus signalés et cette idée
était tellement fixe que dès le 29 avril 1802 le
préfet Châteuneuf Randon qui dès le 4 février
1802 avait remplacé Flourens, informait :

« Des barbets se sont montrés dans quelques par-
« ties du département, plusieurs avis me sont arrivés
« en même temps de plusieurs communes et d'une
« telle manière qu'il m'est démontré par le rapproche-
« ment du jour et des lieux où on croit les avoir vus,
« qu'ils l'auraient été presque en même temps, au
« même moment, dans tous les lieux à la fois.

« D'autre part, j'ai des avis que je dois regarder
« comme certains, que quatre ou cinq, des dix à douze
« barbets importants qui sont reconnus pour être les
« seuls existant encore de tous ceux qui ont infecté le
« département des Alpes-Maritimes et qui sont positi-
« vement ceux que l'on croit toujours voir autour de
« soi sont sur un territoire étranger..... »

(²) Vaine illusion, les barbets existaient et le
24 mai 1802 le même préfet s'empresse d'écrire :

« Quatre barbets avoués ont été vus le 29 Florial
« entre Belvedère et le Raous, parmi lesquels deux
« nommés Matteo Charles, dit Bacci et Cornillon

(1) Barbets D 3, page 9.
(2) Barbets D 3, page 10.

« Jean-Baptiste, dit Caton, de votre commune, ont
« été reconnus. Si les instructions que je donne aux
« sous-préfets et aux maires dans ma circulaire du 14
« Floréal étaient suivies et qu'ils voulussent, en adop-
« tant mes mesures, se donner quelques soins pour la
« sûreté et le repos publics, je suis sûr que nous n'en-
« tendrions plus parler dans ce département des bri-
« gands, ni des barbets, que de justes craintes éloi-
« gneraient sans doute..... »

[1] C'était peut-être vrai, mais comment faire
pour cerner le Raous sans aucun moyen, ni en
argent, ni autre ?...

Le 12 juillet 1802 la Mairie reçoit la lettre
suivante :

« Il existe dans la maison d'arrêt un nommé Ho-
« noré Soulier, arrêté dernièrement à La Turbie.
« Après son arrestation il chercha à se donner la mort
« à l'aide de morceaux de verre d'une bouteille qu'il
« cassa.

« Il a déclaré être natif de la Roquette Saint-Mar-
« tin et avoir servi dans les troupes sardes, étant en-
« core vêtu d'un pantalon bleu de ciel à l'autrichienne.

« D'après des renseignements verbaux qui m'ont
« été donnés sur ledit Soulier, il résulterait qu'il est
« déserteur du régiment de Hainault, qu'il a été par
« suite de la bande des barbets, commandée par *Bom-*
« *bet* et qu'il a continué à faire partie des mêmes.

« Qu'il est d'ailleurs un des complices de l'assas-
« sinat commis sur la personne du muletier de Levens
« en l'an IV et en l'an V ainsi que de la dévastation et
« des cruautés commises à la maison Clerissi, à Utelle.

« Il paraît même que dernièrement il faisait partie
« de la bande de Conte de Berre. »

(1) Barbets D 3 page 11.

A partir de cette date tout paraît rentrer dans l'ordre et l'on n'entend plus parler des barbets.

Le 24 mai 1803 le général Châteauneuf Randon quitte le département et est remplacé par Dubouchage.

Ce digne préfet devant le nombre d'insoumis adresse le 10 juin 1803 la proclamation suivante :

« ...... Qu'espérez-vous en désobéissant ?...

« De vous soustraire aux obligations imposées par
« la loi à tout jeune français ?...

« Mais quel moyen en avez-vous ?...

« Ignorez-vous les peines que cette loi prononce?

« Toutes les mesures sont prises pour s'assurer des
« rebelles, aucun ne peut échapper.

« Quelques-uns d'entre vous auraient-ils le coupa-
« ble espoir de s'armer contre leur patrie ?...

« De renouveller dans ce département malheureux
« les horreurs du barbétisme ?...

« Qu'ils tremblent !... L'échafaud les attend !...

« Reportez vos regards sur le passé, voyez vos
« campagnes ravagées, voyez le sang couler encore.

« Mais non, je ne puis croire que cet espoir ait pu
« se présenter à aucun de vous.

« Désormais Français, vous ne voudrez pas vous
« montrer indignes de ce nom ; vous ne voudrez point
« provoquer une juste mais terrible vengeance : La
« vengeance d'un gouvernement dont la puissance ne
« connaît pas de bornes.

« Signé : Du Bouchage »

Sa voix paternelle avait été entendue et tout rentra dans l'ordre, car s'inspirant des idées

de Lucien Bonaparte, ministre de l'Intérieur,
qui disait dans une proclamation adressée aux
préfets :

« Le Gouvernement ne veut plus voir que des
« Français ; le passé doit être oublié, il faut administrer
« sans se préoccuper des opinions politiques indivi-
« duelles. »

Du Bouchage s'était efforcé d'appliquer
largement l'indulgence et jusqu'au 18 mai 1814
époque à laquelle l'ancien comté de Nice re-
tourna au Piémont, plus rien ne vint troubler
l'ordre dont on avait tant besoin.

A cette époque seulement les anciens partis
comptant sur le nouvel état des choses voulu-
rent exercer des représailles, mais les ordres
les plus sévères furent aussitôt donnés par la
lettre ci-dessous :

« 26 mai 1814. [1]

Monsieur le Maire,

« Je vous informe que dans votre commune des
« rassemblements populaires se sont formés à la suite
« desquels des insultes furent faites contre les person-
« nes et les propriétés et que ces désordres continuent
« et menacent de devenir graves. [2]
« Il est de l'intérêt et du devoir de tous les proprié-
« taires et bons citoyens d'unir en pareille circons-
« tance tous leurs efforts pour réprimer les attentats
« des mals intentionnés dont le nombre ne peut être

(1) Délib. D 2, page 63.
(2) Voir note 7.

« grand sans quoi la commune entière demeurerait
« responsable des évènements qui se produiront et des
« mesures de rigueur à prendre.

« L'une de ces mesures serait celle de l'envoi im-
« médiat d'un fort détachement de troupes pour y
« demeurer aux frais des habitants jusqu'à ce que la
« tranquillité fut rétablie.

« Quant aux individus coupables ils seront arrêtés
« pour être jugés et punis militairement comme vous
« l'indiquera la note au pied de la présente, écrite
« par le commandant de place.

« Je vous prie de vouloir donner la plus grande
« publicité à ma lettre et de la soumettre au Conseil
« Municipal.

Le Conseiller de Préfecture, Préfet par intérim,
« Signé : SAUVAIGUE. »

« Le commandant des troupes Impériales et Royales
« Autrichiennes ordonne d'avoir à exécuter ponctuel-
« lement tous les ordres donnés ci-dessus et en cas de
« refus tous les contrevenants seront arrêtés, conduits
« à Nice et fusillés comme coupables de crime de lèse-
« majesté.

« Nice, le 26 mai 1814.

« Par ordre du général commandant,
Signé : GEXQYE.
« *Commandant de Place.* »

Sur cet ordre le Conseil se réunit le 21 mai
1814 et par délibération spéciale s'exprime
comme il suit : (¹)

____

(¹) Délib. **D 2**, page 19.

« Le Conseil Municipal de Roquebillière ;
« Vu la lettre et ordre du 26 courant :
« Considérant que si quelques attroupements noc-
« turnes et populaires ont été cause de légers désordres
« contre une famille qui depuis vingt-deux ans [1] en-
« viron a toujours molesté les citoyens par tous les
« moyens possibles, ce ne fut que l'effet d'une pre-
« mière impulsion générale résultant des souffrances
« endurées et de l'oppression exercée par ladite fa-
« mille par la sauvagerie, les calomnies, les fausses
« dénonciations sur des habitants inoffensifs ;
« Qu'il appartient toutefois à l'autorité Municipale
« de maintenir la tranquillité publique ;
« Que par ce motif toutes les mesures sont prises
« pour faire respecter l'ordre à l'avenir ;
« Qu'en outre le Conseil tient à présenter à son
« Très Aimé Souverain Victor-Emmanuel ses senti-
« ments de fidélité, l'assurant de son entier dévoue-
« ment et que la population entière le réclame.
« Roquebillière, le 28 mai 1814.

« *Signé:* GAETTI -- GASTALDY   MATTEO J.-B. —
          « ODDOART Joseph—DRAGO—MARTINY
          « Séraphin — CORNIGLION André —
          « *Conseillers municipaux.*

« *L'Adjoint au Maire,*
   « Signé : LAUGIER

                        « *Le Maire,*
              « Signé : CRESPELLO. »

Ce fut le dernier acte motivé par la haine des anciens partis contre la famille des frères Mathieu.

(1) Voir note 7.

Toutes les vengeances jusqu'alors comprimées allaient être assouvies, mais la fermeté et l'énergie d'un sage administrateur tel que l'honorable Sauvaigue suffirent pour faire rentrer et pour toujours dans l'ordre toutes les factions, tous les partis, depuis si longtemps en lutte.

Aujourd'hui, à cent ans de distance, toutes ces discordes ont disparu et le peuple la main dans la main n'aspire qu'à un seul but :

Le bien être commun, par le travail ;
L'amour de la Patrie, par l'ordre.

L'AUTEUR : *MUSSO*

Roquebillière, le 20 février 1893.

NOTES

Note 1. — Toselli dans son « Précis historique de Nice »,
au volume 3, page 163, écrit :

« Buonifacci dit : A l'Escarène il y a un tribunal militaire
pour juger les barbets ; celui-ci est un tribunal de sang et
s'est placé là expressément pour inculquer plus de terreur et
pour être plus libre dans ses exécutions. Dans le cours de ce
mois-ci (novembre 1796) ce tribunal a condamné quinze et
plus de barbets. douze desquels sont morts sans recevoir les
sacrements de l'Eglise, parce que le tribunal ne voulut point. »

Note 2. — Toselli dans son « Précis historique de Nice »,
au volume 3, page 164 dit :

« Fulconis, un des chefs des barbets, fut assassiné à l'Escarène par un de ses compagnons lorsqu'il dormait : les éclaireurs s'emparèrent du cadavre et le placèrent à la porte de la
maison de la mère de ce malheureux. Le lendemain ils le
firent transporter à Nice attaché sur un mulet. dans une posi-
tion aussi remarquable qu'effrayante. Il était accompagné par
celui qui lui avait donné la mort et escorté par un nombreux
détachement commandé par un officier. Le peuple accourut ;
l'indignation et l'horreur qu'excita ce spectacle barbare pro-
duisit des mouvements et des plaintes pour faire cesser cette
marche inouïe et inexcusable. »

Note 3. — Cristini Charles, dit Lavoust, était berger à
Figaret, hameau d'Utelle, lorsque les soldats de Barral à leur
passage lui enlevèrent partie de son troupeau.

Furieux de se voir ruiné il sollita comme faveur la remise d'un mouton qu'il chérissait et qu'on lui refusa.

Il rentra chez lui jurant de tirer vengeance et dès le lendemain il assassina le chef du détachement et prit la fuite en Piémont où il s'enrola dans un des régiments sardes.

Son signalement avait été donné et lorsque à quelque temps de là il voulut retourner pour voir sa mère la gendarmerie informée se mit à sa poursuite.

Il put fuir et tint la campagne.

On arrêta alors sa mère pour la conduire comme ôtage.

Mis au courant par ses amis, Cristini court pour la délivrer, mais qu'elle ne fut point sa douleur lorsque arrivé près Lantosque il la trouva en butte aux mauvais traitements des agents de la loi qui l'avaient faite rouler dans des brousailles parce que son âge avancé l'empéchait de marcher. Cristini jura de tirer vengeance et se mit à la tête d'un groupe de mécontents, son titre d'ancien soldat joint à son audace l'ayant désigné pour chef.

A partir de ce moment il commit tous les crimes les plus atroces, toutes les actions et tous les actes de sauvagerie possibles, tous les excès. Un jour étant sur les derrières de l'armée Française, au plan d'Utelle, on lui signala venant de Clans, un brigadier de gendarmerie escorté par deux gendarmes, accompagnant une dame, ayant un jeune enfant au sein.

Il reconnut dans ce premier l'ancien gendarme qui avait battu sa mère.

La soif de vengeance n'eut plus de borne : plaçant ses hommes des deux côtés du sentier il leur ordonna de ne faire feu qu'au cas où la résistance fut opposée, mais avec soin d'éviter de tuer le chef du détachement

L'ordre fut exécuté et si bien que les gendarmes surpris durent déposer les armes.

Cristini s'avançant alors rappela au brigadier son passé et sans égard pour la femme et son jeune enfant qui pleuraient le tua raide de sa propre main, mais accordant vie sauve à l'escorte qui regagna Lantosque avec la pauvre veuve et son enfant désormais orphelin.

Dans ses vieux jours, Cristini racontait souvent cette histoire et ses yeux brillaient alors d'une lueur farouche qui jurait avec une tête que le temps avait complètement blanchie.

Note 4. — Crespel avait un garçon d'écurie naïf, crétin, goitreux, que l'on surnommait partout « général ».

Lorsque la force armée reçut l'ordre de l'arrêter, le piquet se rendit à son domicile et là sur la porte se trouvait « général » au repos.

Le commandant du détachement ne croyant rien de mieux que de s'adresser à ce naïf pour connaître la vérité, lui demanda :

— Général, Crespel est-il chez lui ?

— Non, répondit l'idiot, il a fui tantôt vers Belvedère pour gagner le Raous.

Devant cette réponse la troupe partit signaler l'évasion et pendant que ces derniers s'en allaient, « général » montait à la cachette de Crespel et lui disait :

— Crespel, il faut fuir, la troupe est venue pour te prendre, mais j'ai déjoué le projet. Fuis, il est temps maintenant.

Il devait la vie à ce malheureux.

Crespel conserva pour le crétin grande estime et fut toujours son bienfaiteur.

Ce fait nous était souvent raconté par M. Louis, homme d'affaires de la famille Crespel.

Note 5. — Cristini dont nous avons déjà parlé répétait à qui voulait l'entendre : J'ai tué plus de soldats français que je n'ai de cheveux sur ma tête.

C'était peut-être exagéré mais il ne mentait point.

Il dut la vie sauve à une circonstance particulière :

En ronde au Raous il y trouva un colonel autrichien arrêté par d'autres barbets. Cristini le délivra et lui fit escorte jusque près Saorge. Pour remerciement l'officier lui tendit un billet signé à utiliser en cas de danger.

A la paix générale, Cristini fut arrêté et conduit à Tende.

Il fit appel à son protecteur qui alors se rappelant du barbet lui fit faire grâce.

Cristini Charles s'en vint à Roquebillière et y mourut le 2 juin 1844 à l'âge de 75 ans. Il était né à Figaret en 1769, était fils de Jean Honoré et de Cristini Marie. Il avait épousé Corniglion Françoise de Roquebillière, sœur de l'autre barbet Corniglion Barthélemy dit Parella et avait été pris comme métayer des immeubles de Crespel au quartier Berthemont.

On disait que des trésors avaient été enfouis par lui au
vallon Espagliart mais qu'à la suite de crues il n'avait plus
pu les reprendre et se perdirent.

Note 6. — La famille Thaon qui joua à cette époque un
si grand rôle est encore aujourd'hui la première famille de
La Bollène où elle possède de vastes propriétés.

Elle s'allia avec les Serra, les Peirani, les Matteo de Roquebillière.

Serra fut capitaine au service du Roi de Sardaigne et fut
compris dans la liste des émigrés dont les biens devaient être
saisis par la mise à exécution de la délibération du 28 Ventôse an VII de l'administration centrale des Alpes-Maritimes.

Matteo François, époux de Thaon Adèle, médecin éminent,
né à Roquebillière le 13 mars 1823, fils de Jacques et de Corniglion Marie Angélique, fut victime de son dévouement lors de
la terrible épidémie de typhus qui décima Roquebillière.

Atteint par la terrible maladie contractée au chevet des
malheureux, il expira le 27 février 1859 laissant un fils,
Félix, médecin, praticien distingué et maire actuel de Roquebillière dont les actes et le nom honorent la commune qui lui
a confié les rênes de l'administration municipale.

Note 7. — La famille Mathieu était purement démocra-
tique. Le père Mathieu Jean André, géomètre-expert, décédé le 8 octobre 1787, avait épousé Fighiera Claude Marie,
ménagère, décédée le 8 janvier 1792. De leur union naquit:

Joseph André, époux de Uberti Françoise, décédé le 8 mai
1809, à l'âge de 52 ans ;

Zaveri, prêtre, décédé à Roquebillière le 24 avril 1812 ;

Honoré, médecin, marié à Fassi Angèle Marie, le 22 Nivôse, an XIII, décédé à Roquebillière le 10 juin 1828, âgé de
59 ans.

Ce dernier acquit par acte administratif reçu en la préfecture de Nice le 25 Nivôse, an V, tous les biens appartenant
au comte Garagno, comte de Roquebillière, aux Eglises, aux
émigrés dont la surface était de 24 hectares, 48 ares, soit
244.800 mètres aux quartiers Gordolon, Vignols, Berthemont,
Servagne, Conego, Giboël, etc., etc.

A cent ans de distance seulement tous ces immeubles ont
été morcelés, vendus, et de la famille il ne reste que de pau-
vres vestiges, bien misérables, traînant une existence digne
de pitié. — Grandeur et décadence.

Note 8. — La famille Crespel, très ancienne dans la
commune de Roquebillière était très influente sous le gouvernement Sarde. Elle occupa avant et après la Révolution la
situation la plus élevée.

La haine des Mathieu contre les Crespel était proverbiale
et toutes les occasions furent choisies pour leur porter at-
teinte.

La famille Crespel est aujourd'hui éteinte, elle eût comme
derniers rejetons :

Crespel Ange François de feu Ludovic, qui épousa Cathe-
rine Roissard de Bellet.

Son fils Justin épousa Rosalie de Constantin dell'Alp qui
eurent Marie-Rose-Thérèse-Sabine, née le 25 octobre 1810,
qui épousa Charles Laurenti Robaudi, député au Parlement
italien.

Elle mourut sans enfant à Nice le 17 octobre 1890.

C'est aux Crespel que l'on doit la construction de la digue
qui protège aujourd'hui encore le village de Roquebillière des
inondations de la Vésubie. Ce travail suscita bien des ennuis
au promoteur qui dut lutter pendant de longues années contre
le parti pris de gens sans jugement et qu'il fallut vaincre
pour doter le pays d'un travail indispensable.

9 782019 949099